La arqueología del viento
The Wind's Archeology

Primera edición: abril, 2011

Título original: *La arqueología del viento*
© de la traducción, Naomi Ayala

© Vaso Roto Ediciones, 2011
España – México
Gruta Azul 147, Col. Valle de San Ángel
San Pedro Garza García, N. L. 66290
vasoroto@vasoroto.com
www.vasorotoediciones.blogspot.com

Diseño de colección: Josep Bagà
Dibujo de portada: Víctor Ramírez

Impreso en Barcelona
Imprenta: Gràfiques Pacífic, S.A.
ISBN: 978-84-15168-33-1
Dep. Legal: B-16334-2011

Luis Alberto Ambroggio
La arqueología del viento
The Wind's Archeology

Translated by Naomi Ayala
Introduction by Jeannette L. Clariond

Vaso Roto / Ediciones

Palabra previa

La arqueología del viento de Luis Alberto Ambroggio abre con la metáfora viva de la piedra, ya bíblica, ya mítica:

> "Busco la piedra de los poemas.
> Busco algo que no huya de mi sombra
> y en su paz disperse el eco."

Aquí asoma la presencia de Paul Ricoeur (memoria, historia, olvido), a quien recurre el autor para repensar la función del habla y la manera en que esta afecta el modo de entender o asimilar la propia experiencia histórica. La arqueología estudia las piedras, la antropología, en cambio, se adentra en el ser que nombra el dolor-gozo de esas piedras. Nada entendería el ser humano si no fuese por su signo, por los giros del viento, por las ramas que jamás logra interpretar. En poesía, como en todo arte, el ser tiende hacia esa contradicción vallejiana de la unidad y la alteridad. ¿Dónde se funde esa agua que lleva a otro mar?

Ambroggio inicia el poemario invitándonos a re-imaginar la realidad, único modo de per-durar en la palabra y por la palabra.

> "Tu cabello
> que esculpe
> el aire."

Introduction[*]

Luis Alberto Ambroggio's *The Wind's Archeology* opens with the living metaphor of the stone, either mythical or biblical:

> "I am looking for the stone inside poems.
> Looking for something that does not escape my shadow
> and, in its stillness, spread the echo."

Here we notice the presence of Paul Ricoeur (memory, history, oblivion), to whom the author resorts when he is in the process of rethinking the function of speech and the manner in which the latter has an effect on the process of understanding / assimilating our own historical experience. While archeology concentrates on the stones, anthropology delves into the being that speaks the name of pain and joy inherent in the stones. Nothing would be comprehensible to human beings were it not for their sign, for the turns and twists of the wind, for the branches that they will never succeed in deciphering. As it happens with all art forms, poetry leans towards the opposition between unity and alterity, such as we find in the poems of César Vallejo (where is the meeting point of the waters leading us to another sea?).

Ambroggio invites us to re-imagine reality, which is the only mode of transcendence in the word and through the word.

---

[*]   Translated by M. Feliciano.

Aquí vemos la cabellera como tiempo o firmamento, ráfagas de luz que el viento invade, blancura de estrellas que emanan luz de luces muertas, lo bello y lo terrible de Rimbaud, donde todo lo ido, oído y vivido deja de ser raíz para devenir:

> "... el encanto de la historia conjura
> sus ambiguos márgenes en alas, esqueletos,
> acaso el hábito elocuente de las fotos."

Y es que en la historia nos vemos y no nos vemos, somos y de pronto dejamos de ser, para convertirnos en ceniza, huesos, parte de lo que un día fue viento. La pregunta de Luis Alberto Ambroggio a lo largo de este volumen tiene más que ver con una estética del ser (que los antiguos observaron como ética), con la *phronesis* más que la *sophia*, ya que aquí la dialéctica del viento se torna pregunta sin respuesta, desgarro:

> "Busco algo que permanezca después,
>
> después del agua y de la aureola
> quedándose sin irse,
> sin sufrir los ultrajes y las pérdidas
> de los caminos sueltos."

Así es el inicio y el índice del *corpus linguae* de este poeta que ve en la arqueología un viento de pugnas que lo lanzan a la incertidumbre. Nada es real, ni tan siquiera lo que nuestros cuerpos atraviesan: caminos, aves, veredas... Somos y nada de lo que creímos nuestro permanece. "Y entonces sueño en una piedra", como dijo Vallejo. El sol de Luis Alberto Ambroggio nace, nos mira y, ya abismo, se abate en nuestra lengua. Y no es la luz lo que da mirada, sino aquello que apenas balbucea, huella que deslava, viento disperso de semillas, casi sin salvación. Él no se deja engañar, ni lo pretende en lo ambiguo del

"Your hair
that sculpts
the air."

Here we see the flowing hair as a metaphor of time or of the heavenly vault, a flash of light invaded by the wind, a whiteness of stars drawing their glow from stars whose light is spent, the meeting point of all that is beautiful and terrible in Rimbaud, a point in which all things gone-by and all the things that were heard of or had lived in times past, are no longer at the root of:

"... the enchantment of history conspires
its ambiguous margins in wings, skeletons,
perhaps in the eloquent habit of photographs."

It is through history that we see ourselves, and at the same time, we are not aware of our presence. We do exist, and at the same time, we cease to exist in order to become ashes, bones... fragments of what once was wind. The question that Luis Alberto Ambroggio poses throughout his book of poems deals more with the aesthetics of the being (which was known as ethics in ancient times). It deals with *phronesis,* rather than with *sophia,* since we encounter, as we read on, that the dialectics of wind end up into a question that has no reply:

"I am looking for something that lasts afterwards,

after water and halo
something that stays without leaving,
does not suffer the insults and losses
of the easy roads."

This is the beginning and the contents of the *corpus linguae* of this poet who sees in archeology a wind of struggle that plunges

título. Es así que su tensa hebra mancha buscando nombrar el eco, el tiempo, mosca en la luz solícita. El viento se vuelve comprensivo, piedra generatriz de esta arqueología cuando abraza la otra parte, olvidada, de la existencia. Nombra quizá para despojarnos de lo que somos, habla porque quiere permanecer, a pesar de su intento de huida, de ser siempre una casa a la intemperie:

> "¿Por qué se mueren los que amo?
> Así es la distancia.
> Ella impone sus caprichos."

Aquí el amor no es materia de Eros sino de Ananké, la Necesidad. Es falta, es lo que los ojos del sol ven nacer al alba como imprescindible noche y abismo, hierba para instaurar, refugio del habla; es un tiempo anterior y posterior al tiempo de la arqueología, quizá el viento fundante de este hombre que al oír el canto del grillo comprendió que nada le pertenece, salvo el eco, quizá soñado en su texto.

El poeta sale al mundo para hallar (inventar) la piedra que le aseimeje, ojos que aman y lloran, pero siempre origen de piedra, ojos pétreos, cuencos en el musgo, en la llaga, en la mancha arqueológica de eso que debió permanecer fundamento, y que desde el vacío ve disiparse la permanencia infalible para asumir la condena de vivir atado a lo que el viento hunde en las venas. Esos ojos hoy ven nacer la luz bajo el peso del tiempo:

> "... dignidad austera de (una) presencia
> donde vivan perennes
> la libertad de la memoria y el deseo."

Los imprescindibles momentos poéticos de Aristóteles y de Paul Ricoeur.

J. L. C.

him into uncertainty. Nothing is real; not even the matter through which our bodies travel: roads, birds, trails.... We exist and nothing which we thought was ours will remain. "And then I will dream on a stone", as Vallejo would say. In Luis Alberto Ambroggio's poems the sun rises, looks at us and after plunging into the abyss, it crashes against our language. However, the light that this sun gives forth is not the kind of light that helps us see; rather, it is a kind of a broken language, or a washed out stain, a sort of wind interspersed with seed. The author is not deceived —nor does he make an attempt at self-deception in the ambiguity of the title. The high-wired tension in his verse manifests itself as a stain searching for a name to give a name to the echo, to time, to a kind of fly on the complacent light. Wind becomes all-encompassing; it is the stone that generates this archeology when it embraces the other side of existence lying half-forgotten. The wind gives a name to things, perhaps to despoil us of our essence. It speaks to us because of its desire for permanence in spite of its attempts of escape, of being always like a house exposed to the elements:

> "Why do those I love die?
> That is how distance is.
> She imposes her whim."

Here the theme of love does not refer to Eros. Rather, it refers to Ananké, the embodiment of Need. It is a feeling that something is amiss; it is what at the break of dawn the eyes of the sun see as the necessary presence of night and of the abyss; it is a kind of grass upon which we lay foundations; it is the place where speech finds a safe haven; it is the time preceding and following archeological time; it is the wind that we find perhaps upon the cornerstone. It is perhaps this man who heard the cricket's song and came to realize that except for the echo that he, perhaps, dreamed of in his writings, there was nothing at all that he could call his own.

The poet emerges into the world in order to find (or to invent) the stone that resembles him, the eyes that love and weep, ever originating from the stone; eyes made of stone, eye sockets embedded in the moss, in the wound, in the archeological stain of that which was meant to remain at the foundation; something that looks from the void at the dispersion of infallible permanence in order to assume the punishment of living tied to what the wind submerges into our veins. Today those eyes see the birth of light under the weight of time:

> "... the austere dignity of (a) being
> where freedom of memory and desire
> live perennially."

The essential poetic moments of Aristotle and Paul Ricoeur.

J. L. C.

Nota sobre la traducción

Durante años, mientras leía la obra y habiendo tenido el placer de traducir algunos de los versos anteriores, admiré la sensualidad, casi femenina en su naturaleza y tono, de la poesía de Luis Alberto Ambroggio, como admiré la manera en que su imaginario nerudiano añade una dimensión mágica a lo cotidiano —amor, comida, amistad, una caminata por Las Vegas— elevándolo a un nivel de conmemoración. Aquí el contenido político nunca es casual. El poeta, con humor, rabia o angustia, ensancha nuestra visión y nos mantiene conectados con nuestros sentidos, con nuestro cuerpo, con nuestra humanidad.

Para mí, este libro importante ayuda a destruir el mito de que los autores latinos que residen y trabajan en los Estados Unidos actualmente escriben solo en inglés o en un lenguaje híbrido de invención comunitaria. Estos versos, escritos en español, son un testimonio de esa otra América invisible que florece en nuestro contorno —la que rescata su alma cultural a través de su idioma original—, disfrutando del acto de aproximar el lenguaje y ponerlo a disponibilidad de cada uno de nosotros, creciendo a pesar de su consabido aislamiento.

Encontrándonos semanalmente o por teléfono, Luis Alberto Ambroggio y yo tuvimos el gusto de trabajar juntos y de cerca. Aunque la mayor parte de la obra de este poeta se presta orgánicamente a su traducción al inglés, y él es creativo y flexible de un modo extraordinario al colaborar con las modificaciones que facilitan la traslación, existieron dificultades. El encabezamiento

Translator's Foreword

For years, while reading his work and having the pleasure of translating some of his earlier poems, I have admired the sensuality, almost feminine in nature and tone, of Luis Alberto Ambroggio's poetry, as I have admired the way in which his Nerudaesque imagery adds a magical dimension to the diurnal—love, food, friendship, a walk through Las Vegas—lifting it to commemoration. The political here is never gratuitous. The poet, with humor, angst or rage, always keeps us connected to the body, our senses, our humanness, our lens.

For me, this important book helps debunk the myth that Latino writers living and working in the United States today write only in English or in hybrid tongues of their own communal making. It is testimony of another invisible America that thrives alongside us today—one that claims its cultural soul through its original language—reveling in making it portable and available to us, thriving in spite of the usual isolations.

Meeting weekly in person and by phone, Luis Alberto and I had the distinct pleasure of working together closely. While much of this poet's work lends itself organically to English translation, and he is both unusually flexible and resourceful in collaborating on edits that facilitate translation, there were stumbling blocks. The manuscript, published in Spanish under the title *Aza(ha)res de la memoria,* or blossoms of memory, which the author exploits for wordplay elsewhere in the original manuscript, was not viable in the English. So it was that the book came to take its title from the

del manuscrito, publicado en castellano con el título *Aza(ha)res de la memoria*, que el autor utiliza jugando con las palabras y el doble sentido en distintos sectores del original, no se captaba en el idioma sajón. De allí que el título del poemario sea *La arqueología del viento*. Algunas de las poesías en español, como es el caso del poema visual «Vejez», fueron deliberadamente omitidas ya que su contenido se perdería en la traducción.

Para un poeta que escribe en dos idiomas, traducir versos es un placer incomparable. Con frecuencia, me asombraba cuánto me colmaba producir un manuscrito colaborando estrechamente con el autor, y esta realización impregnó mi propio trabajo en mis horas solitarias, reanimando mi pasión por todos los diminutivos en el proceso creativo al que atribuyo la arquitectura expandible de la poesía.

NAOMI AYALA,
WASHINGTON, DC, ENERO DE 2011.

poem, *La arqueología del viento* (*The Wind's Archeology*). There were pieces, such as the concrete poem «Vejez» (*Old Age*), whose whole substance would be lost in translation, and which we opted to leave out.

For a poet writing in two languages already, translating a book of poetry is an unrivaled treat. I marveled frequently at how fulfilling it was to produce a manuscript collaboratively, and this appreciation spilled over into my solitary hours at my own work—it recharged my passion for all the diminutives in the creative process to which I attribute poetry's expansive architecture.

NAOMI AYALA,
WASHINGTON, DC, JANUARY 2011

LA ARQUEOLOGÍA DEL VIENTO

THE WIND'S ARCHEOLOGY

Todo escritor tiene una vida pública, una privada y otra secreta.
GABRIEL GARCÍA MÁRQUEZ

Algo, que ciertamente no se nombra con la palabra "azar", rige estas cosas.
JORGE LUIS BORGES

El lenguaje poético es el lugar donde el placer solo atraviesa el código para transformarlo.
ROLAND BARTHES

*Every writer has a public life, one that's
private and another that's secret.*
GABRIEL GARCÍA MÁRQUEZ

*Something that's surely not named with the
word "chance" governs these things.*
JORGE LUIS BORGES

*The language of poetry is the place where
pleasure cracks the code only to
transform it.*
ROLAND BARTHES

La arqueología del viento

A Macedonio Fernández

Busco la piedra de los poemas.
Busco algo que no huya de mi sombra
y en su paz disperse el eco.
Busco algo que permanezca después,

        después del agua y de la aureola
quedándose sin irse,
sin sufrir los ultrajes y las pérdidas
de los caminos sueltos.

Busco algo que no altere
porque en su dureza hay
un solo número.

Busco la cifra callada
de los mil gritos,
víctima sin resignación,
escritura,
dignidad austera de presencia
donde vivan perennes
la libertad de la memoria y el deseo.

Busco algo que sea
al revés,
esencia que se pervierta
con la verdad,
contra el golpe infalible
del mensaje.

The Wind's Archeology

for Macedonio Fernández

I am looking for the stone inside poems.
Looking for something that does not escape my shadow
and, in its stillness, spread the echo.
I am looking for something that lasts afterwards,

      after water and halo,
something that stays without leaving,
does not suffer the insults and losses
of the easy roads.

I am looking for something that does not change
because in its dourness there is
one lone number.

I am looking for the silenced figure
of a thousand screams,
the unresigned victim,
script,
the austere dignity of being
where freedom of memory and desire
live perennially.

I am looking for something that is
inside out,
a substance that can be perverted
by the truth,
against the foolproof jolt
of the message.

Resabio

No has muerto.
Retorno niño de tu sangre
gotas de una palabra inquieta.

Devoras con el ojo
que no envejece
las historias,
la compasión inútil,
la corrupta ocupación de las monedas,
la culpa inmune del barniz.

¿Dónde está tu madre?

¿El beso del idioma,
tu tribu,
esa falda de cenizas,
que atormenta
la luz inicial
de tus pies ariscos?

Vives en las alas
del alfabeto
        la dicha desnuda
        de un juego.

Aftertaste

You have not died.
I come back a child of your blood,
drops of a restless word.

You devour with the eye
that does not age
histories,
worthless compassion,
the corrupt occupation of coins,
the immune fault of gloss.

Where is your mother?

The kiss of your native voice,
your tribe,
and skirt of ashes
that torment
the first light
of your reluctant feet?

You live in the wings
of the alphabet,
        the bare bliss
        of a game.

El rey de la selva

Para llorar, dirija la imaginación hacia usted mismo.

JULIO CORTÁZAR

Como ave
cada día vuelo
la alegría del aire;
con el crepúsculo
concilio el sueño
y despierto celebrando
el amanecer de relojes
que encandilan.
Como león,
de los cachorros de Castilla,
en el reino de las águilas
que se derrumban,
ahuyento el coloquio.

Soy todo el cuerpo de la nada,
acaso monólogo
en horas redondas
de azul y de noche.

Allí bebo el infinito despoblado.

King of the Jungle

To cry, direct the imagination toward yourself.

JULIO CORTÁZAR

Like a wild bird,
every day I take flight
into the joy of air;
with nightfall
I reach sleep
and awaken praising
dawn's clocks,
dazzling.
Like a lion
from the cubs of Castile,
in the kingdom of the eagles
that collapse,
I drive away formal conversation.

I am the entire body of the void,
a monologue, perhaps,
in the round hours
of blue and of the night.

There I drink up the infinite, unoccupied.

La avidez de las raíces

El deseo es un paraíso a la vista
mientras no defraude la ventana
ni nos tiente el roce del regreso
o la intrigante calidez de la memoria.

Desteñida y estridente,
en las riberas y en los tiempos,
vibra la voz antigua y nueva
de los vestigios y las cartas.
¿Por qué no ser feliz,
colibrí al borde del momento,
yendo sin volver, o saltando
en el lugar preciso de la existencia?

Pero el encanto de la historia conjura
sus ambiguos márgenes en alas, esqueletos,
acaso el hábito elocuente de las fotos.
El deseo y el olvido se parecen
en la genealogía de sus gritos.

Me libero hundiéndome en la vida,
la tierra madre,
la que es más que viento,
sombra, eco, promesa,
la que es,
el jardín sin las piedras.

Washington, DC,
20 de agosto de 2010.

The Greediness of Roots

Desire is a paradise in sight
so long as the window doesn't give us away
nor the touch of returning tempt us
with memory's intriguing warmth.

Discolored and grating
on the banks and through the ages
the ancient voice and the new voice resonate
in remains and letters.
Why not be happy,
hummingbird at the edge of time,
going without returning or leaping
in the precise place of life?

But the enchantment of history conspires
its ambiguous margins in wings, skeletons,
perhaps in the eloquent habit of photographs.
Desire and forgetting resemble one another
in the genealogy of their screams.

I become free by immersing myself in life,
the motherland,
the one that is more than wind,
shadow, echo, promise,
the one that is
the garden without stones.

Washington, DC,
August 20, 2010

Deseo

Ser un pájaro,
o mejor no un pájaro,
sino un árbol
para vencer de algún modo la distancia
y estar los dos
en un lugar
volándonos quietos
debajo de las hojas
y las plumas.

Desire

To be a bird,
or better yet, not a bird,
but a tree,
to somehow defeat the distance
and be both together
in one place
flying our still flight
beneath the leaves
and feathers.

¿Quiénes son los mártires?

A Miguel Hernández

Los que se distinguen
en blanco y negro
y mueren en las banderas
de la muchedumbre.

Rostros testigos,
almas que viven
rocas
de conjuros
y vigilias,
la fuerza del amor;
despojos de un origen
y de un final.

Números de la voluntad
cuerpos de los cuerpos
que transcienden
las quejas, las noches,
el vacío,
el anillo del imperio,
el féretro del olvido,
la ceguera del silencio.
También y siempre,
dioses intactos,
muerte.

Who Are the Martyrs?

for Miguel Hernández

Those who can be told apart
in black and white,
who die among the flags
of the multitudes.

Witnessing faces,
souls that live through
the rocks
of spells
and vigils,
the power of love;
remains of an origin
and an end.

Will's numbers,
bodies of the bodies
that transcend
complaints, the nights,
the void,
the empire's ring,
the coffin of forgetting,
silence's blindness.
Also, and always,
untouched gods,
death.

Exploración

Los espejos están ciegos:
¿Quién eres? ¿Quién soy?
Dolores de campana,
sombras sin cueva,
Plotino, Borges, Vallejo,
palabras, ideas, símbolos,
la sequedad que siento
en discusiones de pájaros,
el yo agotado de alguien
        o de nadie
nuestras arenas en la tierra,
la casa de las dudas,
las fiebres, las condenas,
y esos signos transitorios
que lastiman el aire:
¿De qué? ¿Cuándo? ¿Dónde?
Médula en el sueño de los ríos,
barro de muchos vientos
desiertos sin fatiga
con cuyos cristales
siempre hablo,
y me veo y no me veo.

Search

The mirrors are blind:
Who are you? Who am I?
The grief of bells,
caveless shadows,
Plotinus, Borges, Vallejo,
words, ideas, symbols,
the curtness I feel
in discussions about birds,
the spent "I" of someone
              or no one,
our sands of the earth,
the house of doubt,
the fevers, the sentencings,
and those transitory signs
that harm the air:
Of what? When? Where?
Pith in the dreams of rivers,
the clay of many winds
tirelessly deserted
with whose panes
I am always speaking
and see myself and do not see myself.

Código

¿Qué número o palabra
nos descifra,
nos abre,
nos entrega
en los secretos
más allá de la piel?

¿Qué nos engarza
en un fuego
de complicidades
desenroscando
el fondo
de nuestros límites
con la acertada combinación
de besos, diálogos y caricias?

Amor mío,
nos guardamos
la clave que abre y cierra
con óleo y ambrosía
la grieta de nuestros interrogantes.

Code

What number or word
deciphers us,
opens us up,
hands us over
to the secrets
beyond the skin?

What links us
in a fire
of complicities
unwinding
the bottom
of our boundaries
with the fitting mix
of kisses, talk, touch?

My love,
we keep
the code that opens and narrows
the rift of our questions
with oil and bitterweed.

Camille Claudel

¿Dónde están tus obras?
Joven con hierba, Los bañistas,
El vals, Sakuntala,
maestra clandestina
del amante aprendiz
barbudo maestro.

¿Dónde languidece tu melodía,
en los pentagramas de Debussy,
después de las horas de bebida
con las que enloquecías tu soledad?

Antes y después del manicomio
dicen que son tuyas las manos y los pies
de *Las puertas del Infierno*
y siento en el temblor de mi carne
la ausencia de tu firma
que provocó tu frío y tu miseria.
Has caído en el abismo
y Paul, que era tu hermano y escribía,
no te supo liberar.

Mujer de genio:
pecado contra natura,
no te dejaron ser.
Te condenaste y te condenó
el mundo a la demencia,
ese estado que rechaza nuestra cordura,
el sinsentido de nuestro sentido.
Y estabas loca.

Camille Claudel

Where are your works of art?
Young Girl with a Sheaf of Wheat, The Bathers,
The Waltz, Shakuntala,
clandestine teacher
of the lover-apprentice,
bearded master.

Where does your song languish
in the pentagrams of Debussy,
after hours of drinking
to confuse with madness your solitude?

Before and after the asylum
they say yours were the hands and feet
of *The Doors to Hell*
and I feel in the trembling of my flesh
the absence of your signature
that caused your cold and misery.
You had fallen into the abyss
and Paul, who was your brother and a writer,
did not know to save you.

Woman of genius:
sin against nature,
they did not let you be.
You damned yourself and were sentenced
by the world to madness,
that state that rejects our sanity,
the senselessness of our sense.
And you were crazy.

¿Quién resiste a la locura?
No es del todo extraño.
Te mató, con saña, tu madre
por rebelde.

Querida, mueres creadora.

A veces el amor nace cuando uno muere.
Y es otra muerte.
Pero hoy, Camille Claudel,
inspiración, modelo y amante,
vives tu desgracia y tu logro,

en el río desbordante de tu biografía
y el reconocimiento tardío,
que es otra vida,
menos decapitada.

Who resists insanity?
It is not altogether strange.
Your mother, enraged, killed you
for your rebellious ways.

My love, you die an artist.

Sometimes love sprouts from our death.
And it is another death.
But today, Camille Claudel,
inspiration, exemplar, lover
you live out your misfortune and achievement

in the teeming river of your biography
and the belated recognition
that is another life,
one that's less decapitated.

ALIENTOS

BREATHS

Visión

El sol mientras sale
es todo ojos.

Vision

The sun, while it rises,
is all eyes.

Peripecia

La belleza de los abismos
está en su incertidumbre.

Vicissitude

The beauty of abysses
lies in their uncertainty.

Separación

Ahora publicas en mis ojos
tu silencio.

Separation

Now you publish in my eyes
your silence.

Conjetura

El poema sangra
el disfraz de una cercanía,
          el hechizo y la fuga
          del llamado,
el amor que divide
la ausencia,
          el sonido que vive
          en la muerte.

Yo me lo sospecho
antes de concebir la batalla.

Conjecture

The poem bleeds off
the mask of intimacy
      the spell and the flight
      of the calling,
a love that divides
absence,
      the sound that thrives
      in death.

I had suspected it
before the battle was conceived.

El lápiz del ciego

Impulso no escrito
ni consagrado
que roba y no roba
el fondo
del origen y la búsqueda.

The Blind Man's Pencil

The impulse, not written down,
nor consecrated,
robs and does not rob
the depth
of the origin and the search.

Ja, Ja, Ja, Ja…

La felicidad está escondida
en la última lágrima.
Y ya la lloré.

Ha, Ha, Ha, Ha…

Happiness is hidden
in the last tear.
And I have already cried it.

Saudade

En un azahar de mariposa
me transformo de ti,
negro capullo en el corazón.
Ya solo, feliz y triste,
recorro flores,
en el perfume del vuelo,
un jardín que sonríe.

Longing

A butterfly blossom,
now I emerge from you
a black bud in the heart.
Already alone, happy and sad,
I travel through flowers.
In the flight's scent,
a garden, smiling.

Paisajes

Las semillas
de casas han caído
como pedruscos de colores
en las colinas
y sus faldas,
donde halaga el eco
simplemente,
sin los laberintos.

Landscapes

The seeds
of houses have fallen
like many-colored stones
in the hills
and their skirts,
where an echo pleases,
simply,
without the labyrinths.

Arte

Tu cabello
que esculpe
el aire.

Art

Your hair
that sculpts
the air.

Decepción

Me engañas con la vida;
dame la muerte
para pretender la ignorancia
y odiarte
con una eternidad de amor.

Deception

You deceive me with life;
give me death
so that I can feign ignorance
and hate you
for love's eternity.

Re-presión

Lo retengo fugazmente
con el poder de la pupila
y nunca se cierra.

Repression

I hold on to it briefly
with the pupil's strength
and it never closes.

Re-presión 11

Que trituren la flor
más allá de la cara de ese niño;
que triunfe la muerte
porque las piedras de un mismo corte
son dueñas de la altura.
Cultiven, sí, el *Te Deum*
para confundir a los insectos
que nerviosamente interrogan
y molestan por instinto.
El traje de día será blanco y alegre;
nadie se interesa por el sucio fondo de la noche.
Hay agua para cubrir todos los cuerpos
pero el tiempo no entierra la vida de los nombres.

La dignidad del aliento inocente
enciende todas las sangres.

Repression II

Let them crush the flower
beyond that child's face;
let death triumph
because stones of the same size
own the heavens.
Yes, cultivate the *Te Deum*
to perplex the insects
who nervously question
and pester by instinct.
The day dress shall be white and joyous;
no one's interested in the dirty depths of night.
There is enough water to cover all the bodies
but time does not bury the lives of names.

The dignity of the innocent breath
flares in the blood of all.

Explicaciones

Los zancudos me han picado 400 veces
      y no tengo malaria.
Fui víctima de miles de estornudos
      y no me contagié con el virus porcino.
Hice una vez el amor
      y me invadió el SIDA.

Me reporto preguntando con la muerte:
¿Dónde se encuentra la matemática,
      la ciencia, la lógica,
      la justicia del inventor?

Explanations

The mosquitoes have bitten me 400 times
        and I do not have malaria.
I was the victim of a thousand sneezes
        and I did not contract the swine flu.
I made love once
        and was invaded by AIDS.

I show up asking death:
Where is the math,
        the science, the logic,
        the inventor's sense of justice?

Amnistía

Porque he sido programado,
programo.
Porque he sido torturado,
torturo.
Porque he sido violado,
violo.
Porque he sido víctima,
victimizo.

Y las olas del mar
son olas...
transparentes,
con un jeroglífico
que ahoga las palabras.

Amnesty

Because I have been programmed,
I program.
Because I have been tortured,
I torture.
Because I have been violated,
I violate.
Because I have been a victim,
I victimize.

And the waves of the sea
are waves...
clear,
with a hieroglyph
that drowns out the words.

Contagio

La noche sonríe de luto;
el amanecer de posibilidades.
También se copian las miradas.
¿Por qué se mueren los que amo?
Así es la distancia.
Ella impone sus caprichos.

Contagion

Smiling, night wears the color of mourning;
the dawn of possibilities.
Gazes are imitated as well.
Why do those I love die?
That is how distance is.
She imposes her whim.

Culpable

Para qué nombrar.
Somos casi todos;
y, especialmente,
los que se proclaman
excluidos.
Jamás me perdonaría
a mí mismo
el silencio
en el lomo de mi vocabulario
y el gesto acusador
del viceversa
durante el combate del silbido.

Guilty

Why name them?
Almost all of us are;
and, especially,
those who claim
to be the exception.
I could never forgive
myself
the silence
in the back of my words
and the accusatory gesture
of the reverse
during the battling hiss.

Homo Sapiens

Se enjuagó los ojos con cenizas.
Por vía oral consumió un supositorio para el sueño.
Alguna pastilla potente ingerida a modo de enema
alivió su dolor de cabeza, estrés, plegarias,
y luego con una fiebre fervorosa se untó
las vitaminas de la diarrea subsecuente.

Pacifista se abstuvo de arrojar las piedras del hígado
a los hospitales de campaña y terroristas del estado,
las concentró, sin embargo, en su propia uretra,
aplicándole al dolor hielo hasta provocar el congelamiento;
insensibilidad atacada con antibióticos,
- penicilinas que afectaron al pene, las vísceras,
la vagina, la lengua y muchos órganos disolutos,
sin voz ni voto,
víctimas de las contraindicaciones y malditos efectos secundarios,
además de su salud mental y otros privilegios alérgicos,
lo que al fin causó su ida de emergencia a la morgue
para solicitar *ad nauseam* una autopsia.

Y allí le dieron de alta y de baja
al mismo tiempo.

Homosapiens

He rinsed his eyes with ashes,
consumed an oral suppository for sleep.
Some type of potent pill ingested by way of enema
relieved his headache, stress, pleadings,
and later with an ardent fever he anointed
himself with the vitamins in the subsequent diarrhea.

A pacifist, he abstained from throwing the liver's stones
at campaign hospitals and the terrorists of state,
compounded them in his own urethra,
applying ice to the pain until it caused it to freeze;
numbness attacked with antibiotics,
penicillins that affected the penis, viscera,
vagina, tongue, and many organs, dissolute,
voiceless and without vote,
were the victims of counterindications and damn side effects,
besides his mental health and other allergic privileges,
which in the end caused his emergency departure to the morgue
to solicit, *ad nauseam*, an autopsy.

And there they released him and surrendered him
at the same time.

Alerta bilingüe[*]

Veo a los poetas
como una especie en peligro
de extinción
al ser constantemente
deconstruidos.

Si tal misión
tuviese
éxito,
los críticos
se auto-extinguirían.

Y sin embargo, Platón
debe seguir preocupándose
por la abundancia
de poetas;
con un final paradójico:
porque al paso que vamos
la República
estará totalmente poblada
de poetas.

---

[*]   Written in Spanish and English by the author and edited by Naomi Ayala.

Bilingual Alert

Poets are
an endangered species
in the process
of being
deconstructed.

If such endeavor
should prove
successful,
critics
will self-destruct.

And yet Plato
must still be concerned
about the growing population
of poets;
such is the paradox:
at the pace we are going
the Republic
will be completely populated
by poets.

La cama

Altar de casi todos los ritos sacramentales,
campo agudo de raíces que surgen, luchan,
florecen, desobedecen, palidecen y expiran.

Manzana del paraíso encontrado;
entretiene a la vez el nacimiento y la muerte.
Y en vida, el descanso, el amor y el orgasmo.

Blando nido, terreno de batalla;
guarida de animal, paz de ella.
Velero con alas blancas
para vientos propicios
y contrarios.

Palabra grande, cama...
espacio de todas las estaciones.

The Bed

Altar of nearly all sacramental rites
sharp field of roots that arise, struggle,
flower, disobey, pale and expire.

Apple of paradise found;
entertaining life and death at once.
And while living, rest, love, orgasm.

Soft nest, battlefield;
animal den, her peace.
White-winged sailboat
for winds favorable
and contrary.

Large word, bed...
the space between all stations.

Concierto

Tocar las teclas en tu piel
sabiendo la partitura de memoria
para que broten ardientes los sonidos,
bajos con altos, magia de tactos
dentro del *andante* hacia un *allegro*
en el sueño de Prokofieff;
revivir la España en una rapsodia de toros,
jugar con el recuerdo de Mozart o Beethoven,
y luego de danzas eslavas o polonesas
con las almas de los dedos, una exquisitez
que acabe con el acorde de los ojos,
volviendo al pentagrama y al piano,
una y otra vez.

Concert

To touch the keys in your skin,
knowing the musical score by heart
so that the fervent sounds flow;
basses with altos, tactile magic
inside an *andante* toward an *allegro*
in Prokofieff's dream.
To bring Spain back to life in a rhapsody of bulls,
play with the memory of Mozart or Beethoven,
later with Slavic or Polonaise dances
at the soul of our fingertips, an exquisiteness
does away with the eyes' chords,
returning to staff and piano
once and again.

Quién es la casa

Quién es la casa si no la hoguera con llamas vivas.
Quién es la casa si no la leña de cada acto que la alimenta.
Quién es la casa si no el aire del amor que es sonrisa.
Quién es la casa si no las manos que enarbolan un sueño.
Quién es la casa si no tu abrazo que me encierra.
Quién es la casa si no mi beso que te cubre como techo.
Quién es la casa si no la solidez libre de las piedras.
Quién es la casa si no el prodigio de los orígenes sin fuga.
Quién es la casa si no el peso total de las caricias.
Quién es la casa si no la cama con los ruidos de una fiesta.
Quién es la casa si no las flores que nos dan la bienvenida.
Quién es la casa si no un 25 de diciembre y sus regalos.
Quién es la casa si no tú, toda tú y el nosotros de sus rejas.

What is the House

What is the house if not a bonfire of living flames.
What is the house if not the firewood of each nourishing act.
What is the house if not love's smiling air.
What is the house if not the hands that set a dream in flight.
What is the house if not your embrace enclosing me.
What is the house if not my kiss that covers you like a roof.
What is the house if not the freeing strength of stones.
What is the house if not the prodigy of origins that do not flee.
What is the house if not the whole weight of touch.
What is the house if not the bed with the sounds of a party.
What is the house if not the flowers that welcome us.
What is the house if not a 25th of December and its gifts.
What is the house if not you, all of you, and us in the fences of "we."

Writer's Block

Escribir, ¿para qué?

Para los ríos,
para las cloacas,
para la noche,
para mí,
para quien sea,
para los peces del cielo,
para ser ala o barro,
para las islas y los glaciares,
para los editores del canon,
para las botellas de un mar sin playa,
para el paraíso,
para el infierno,
para quien sienta,
para el bien,
para el mal,
para el amor,
para crear una lágrima y después otra,
todas o ninguna,
para el precipicio de los ojos,
para vaciar el vacío,
para soplar las brasas,
para el aquí,
para el allá,
para el ahora,
para el entonces,
para enterrar el dolor y el miedo
o ejecutarlos a la intemperie,
para todos,

Writer's Block

Write? What for?

For the rivers,
for the sewers,
for the night,
for me,
for whomever,
for the fish in the sky,
to become wing or clay,
for the islands and the glaciers,
for the canon's editors,
for the bottles of a shoreless sea,
for paradise,
for hell,
for whomever feels,
for good,
for evil,
for love,
to create one tear and the next,
all of them or none of them at all,
in the precipice of the eyes,
to empty the void,
to blow on the embers,
for the here,
for beyond,
for the now,
for then,
to bury sorrow and fear
or execute them out in the open,
for everyone,

para nadie,
mejor
para robar la nada,
y dibujar el alma del silencio.

for no one,
better yet
to steal the void
and draw the soul of silence.

TANGO

TANGO

Tango

Tango rante…
sos el alma del chusmaje
metida en un bandoneón,
sos la furca, la traición,
el piropo y el chamuyo,
y sos una flor de yuyo
que perfuma el corazón.
Cadícamo

1.

El violín llora la última nota
mientras el bandoneón
engarza el hilo nostálgico
de una magia en suspenso
con alma de callejón.

Bajo el cielo del violín
arremete el acordeón.
Dos cuerpos se seducen
provocando el abrazo
de un esquivo ardor;
al compás de la queja
con sangre de arrabal,
se escuchan las heridas
del difícil corazón.

Manos recorren
las curvas del pentagrama,
en la piel de la ninfa que trepa

Tango

Tango rante...
sos el alma del chusmaje
metida en un bandoneón,
sos la furca, la traición,
el piropo y el chamuyo,
y sos una flor de yuyo
que perfuma el corazón.
Cadícamo

1.

The violin cries out its last note
while the concertina
joins the nostalgic thread
of bewitching suspense
with its back alley soul.

Under the violin's sky
the accordion charges in.
Two bodies seduce each other
provoke the elusive heat,
in time with the complaint,
blood of the city's outskirts,
the wounds of the difficult heart
are heard.

Hands travel
the pentagram's curves,
the skin of the nymph that climbs

93

el tronco apuesto del malevo.
Se entrecruzan, como relámpagos,
las piernas.

El y ella.

Tres pasos y un corte
de un pacto sensual,
la embriaguez del verso
y la rosa florece en alas
con perfume de mujer.

2.

Volver, volver.
Y todo a media luz
en el *cambalache* de la vida.
Cumparsita, Caminito.
Tango y milonga.
Milonga y tango
del travieso Gardel.

Malena tiene pena de bandoneón.

3.

Discépolo, Goyeneche,
Troilo, Pugliese y Piazzolla.
Bandoneón, guitarra y voz.
Metafísica sentimental.
Tres pasos y un corte,

the man's elegant trunk.
Like lightning
their legs intersect.

She and he.

One, two, three. Cut.
In a sensual pact
the drunkenness of verse,
and the rose flowers in wings
that bear a woman's scent.

2.

To return, return
and all of it in half light
in life's second-hand shop.
Cumparsita, little road.
Tango and milonga.
Milonga and tango.
Gardel's cunning.

Malena is the concertina's longing.

3.

Discépolo, Goyeneche,
Troilo, Pugliese and Piazzolla.
Voice, guitar, concertina.
Sentimental metaphysics.
One, two, three. Cut.

con el fatalismo de un orgasmo,
cautiva este baile erguido y triste
el misterio de los dos.

4.

Adiós, pampa mía,
Buenos Aires y tus barrios.
Che, también te quiero
y te lloro
fervorosamente
yo.

5.

Tres pasos y un corte,
poema de seducción.
La mina, el guapo,
cuerpean la música de fuego,
en una esquina,
bajo el llanto de algún farol.

With an orgasm's fatalism
this upright, sad dance captures
the mystery of both.

4.

Farewell, my fertile plains,
Buenos Aires and its barrios.
Che, I love you also
and weep feverishly
over you.
Me.

5.

One, two, three. Cut.
A seductive poetry.
The girl, the good-looking guy
dodge the fire-music,
in a corner,
beneath a street lamp's weeping.

BLUES

BLUES

Blues del milenio

Para viajar al imperio
de la Estatua de la Libertad
uno necesita sacarse los zapatos,
la chaqueta y pasar todo
por debajo de una máquina de Rayos X
para que lo abra en sus vísceras
y fotografíe sus entrañas;
debe uno someterse
a que le revisen el esqueleto,
permitir que le palpen los sobacos,
la cintura y desde el pubis
para abajo.

Después que atacaron las Torres Gemelas
en Wall Street,
en el así teñido
bajo de Manhattan,
sacan de los ojos los derechos,
la poliCIA, los servicios de inteligencia,
se posesionan de las charlas,
las lecturas, de tu luz y de tu noche;
uno hace el amor bajo la cámara.
A menudo dejamos
las pertenencias.

Cuando llegas a mi tierra,
madre otrora de esperanza,
encontrarás que hoy la libertad
es una triste y obsoleta estatua
sobre olas y ciudades

Millennium Blues

To travel to the empire
of the Statue of Liberty
one needs to remove one's shoes,
jacket, and put everything
through an x-ray machine
so that it can open these in its viscera
and photograph their entrails;
one must submit
to having one's skeleton scanned,
allow underarms to be felt,
the waist, the area of the pubis
on down.

After the attack on the Twin Towers
on Wall Street,
in that tinged
lower Manhattan,
rights are withdrawn from eyes
by the police, the intelligence services
who come to take over the talks,
readings, your light and night;
one makes love below the camera.
Often we leave
the things we own.

When you arrive at my land,
former mother of hope,
you'll find liberty is now
a sad and obsolete statue
over the waves and cities

de pérdidas
donde la única necedad imposible
es el olvido.

of losses
where the only impossible nonsense
is forgetting.

EL UNIVERSO PERDIDO

THE LOST UNIVERSE

El universo perdido

Existe un curioso desafío en las calles
que recorro buscando el significado
entre el matorral de los plásticos,
algo así como un sentido sin sentido
desplegado en el aliento efímero de los neones,
el sentido nuevo, vacío, revisado, malvivido,
limpio de las luces y las réplicas,
del París con sus profundos pensamientos,
de la Venecia con sus venas postizas,
de las esfinges egipcias de cartón, células postmodernas,
trasplantadas por magia de fantasma
neobarroca o pre-superficial carnavalesca,
bajo un cielo ciber de estatuas,
colgado del aire,
cual un espejismo de agua en las arenas.

*

Mariposa Smith, la prostituta que legaliza
todos los sueños, me ofrece fuego, llama
a mi sed de algo de alma, de carne y hueso,
existiendo en el éxtasis una vez entre tanto *fake*
(no quisiéramos confundir la palabra del "artificio").
Me olvido entonces, por el cruce de un momento,
de la miseria de los costados
o los obsoletos desechos del paisaje;
y mientras me olvido, me entretengo.

Vine de lejos, de una historia, de árboles,
de un firmamento con sol y estrellas.
(Frente a las olas del espectáculo y del entretenimiento,
me duele la eternidad y el infinito malditos.)

The Lost Universe

There is a curious challenge in the streets
I travel through looking for meaning
in the thicket of plastics,
something like a senseless logic
unfolding in the ephemeral breath of neon,
the new sense, emptied, checked, wasted,
free of lights and replicas,
of Paris with its depth of thought,
of Venice with its false veins,
of the cardboard Egyptian sphinxes, postmodernist cells
transplanted by a ghostly magic,
neo-baroque or pre-superficial carnavalesque
beneath a cyber sky of statues,
suspended from the sky,
like a mirage of water in the sands.

*

Butterfly Smith, the prostitute who legalizes
all dreams, offers me a light, calls
out to my thirst for something of soul made of flesh and bone,
living in ecstasy amid so much that's fake
(we wouldn't want to confuse the word with "artifice").
I forget then, in the crossing moment,
about the misery of flanks
or the obsolete wastes of the landscape;
and, while I forget, I surrender.

I came from afar, from a history, from trees,
and a sky with sun and stars.
(In these waves of flash and void,
damned infinity and eternity hurt me.)

*

Los festejos en la canonización de Santa Rosa de Lima
en su tiempo, no difieren de estos ritos;
nos ilustra el profesor de la Universidad del Polo Ártico.

Paso ahora con la gente que bebe y danza
debajo de esta torre Eiffel, gemela petisa,
al lado de las fuentes de fulgor y música.
La reproducción virtual del arte, el original sin las manchas,

el rostro de la Mona Lisa y los cuadros de Caravaggio
al lado de paredes públicas, me acompañan;
los canales de esta Venecia limpios, canto y góndola:
en la necedad de las pupilas todo parece un sueño
orquestando el sueño de ganar en la timba,
donde la realidad se impone
con la pesadilla predestinada de la pérdida.

*

Pero "I did it my way, a mi modo, Frank Sinatra",
como tarareamos en el despojo.
Verás que así (a su modo) lo realizaron los dueños nevados
de los casinos que recrearán Nápoles, Zúrich, Jerusalén,
Roma, Shanghái, Moscú, Nueva York, Londres, Hong-Kong,
en otras resurrecciones de plata.

*

Traté de localizar a Mariposa preocupado
por el contagio, que no perdona, del SIDA;
al parecer como tal no existe ni figura
en la deriva de los números del registro.

*

The festivities for the canonization of Saint Rose of Lima,
in their time, did not differ from these rituals,
the professor from the University of the Arctic Pole illustrates
[for us.
I walk by now with the people who drink and dance
under that Eiffel tower, a squat twin,
beside the fountains of splendor and music.
The virtual reproduction of art, the original version minus
[the stains,
the face of Mona Lisa and the canvasses of Caravaggio
beside the public walls, keep me company;
the canals of this Venice clean as are song and gondola:
in the foolishness of the pupils all appears to be a dream
orchestrating the dream of winning in the gambling den,
where reality imposes
its predestined nightmare of loss.

*

But "I did it my way, Frank Sinatra",
we hum in the stripping away.
You'll see that's the way (their own way) the snow-capped casino
owners realized theirs, would recreate Naples, Zurich, Jerusalem,
Rome, Shanghai, Moscow, New York, London, Hong-Kong,
in other silver resurrections.

*

Worried about the unforgiving contagion of AIDS
I tried to find Butterfly.
It turns out she does not exist
as such nor figure in the drifting numbers of the registry.

*

Esta trampa de sueño en el desierto
me lavó las piernas de mi viaje,
cauce abajo, a las piedras ancestrales,
las ruinas de Teotihuacán y de Chichen Itza.

*

Y sigo recorriendo este mundo, hasta perderme
en el museo de la poesía; para entonces salir
por la puerta solitaria de las voces,
a preguntar: ¿Dónde estoy? ¿Quién soy?
¿Qué hago?
¿Qué día es hoy?

Aquí y ahora en la promiscuidad de los sentidos
mientras vivo con un rayo láser en el oasis
el nombre más precario del universo:
Fertile Plains: esto es,
Las Vegas.

Montreal,
29 de mayo de 2010.

*

This dream trick of the desert
stripped the journey off my legs
downstream to ancestral stones,
the ruins of Teotihuacan and Chichen Itza.

*

And I continue traveling through this world, until I am lost
in poetry's museum; so I can then exit
through the solitary door of voices
and ask: Where am I? Who am I?
What am I doing?
What day is it today?

Here and now, in the promiscuity of the senses,
while I live with a laser beam in the oasis,
the most precarious name in the universe:
Fertile Plains: that is,
Las Vegas.

Montreal,
May 29, 2010

Poeta menor

Lo ha nominado poeta menor
(en países menores, Menorca)
porque las metáforas no son del todo caprichosas
ni suman magnitudes el rasguño de sus rimas,
las sílabas rebeldes sin acentos
o desubicados, parecen que no cantan.
Tampoco ha creado movimiento alguno
ni desplegado manifiesto.
Muerto solo aparece a pie de página.
Sin convicción se declaró poeta ínfimo
con poemas cortos (largos que epitetaba cortos).
Escapaban a su jerarquía y bolsillo los mayores.
La sangre era un mundo que lloraba versos.
Los pájaros llevaban sus alas a otra parte.
Como poeta menor sus obligaciones aumentaban
en proporción inversa al reconocimiento.
Es que el tiempo sembrado en un poema
no pide limosna a los críticos perversos.
Pero los duendes no lo dejaban tranquilo
ni la paz o dureza de las páginas en blanco.
Recogía diptongos de los árboles y sin tregua.
Escribía versos como escribía, escribía como vivía,
(amor es un verbo),
mas le faltaba deletrear el mar o el sol,
descuartizar el arcoíris de una forma refinada.
Y morían tantos en la selva
que su beso indescriptible escapaba a la lectura,
la temática prohibida hacía enrojecer
de éxtasis a las sabias campesinas.
Era asunto de integrar alguna que otra antología

Minor Poet

He has been nominated to be a minor poet
(in minor countries, like Minorca)
because metaphors are not altogether capricious
nor does the scratching of their rhymes amount to much,
the rebellious syllables, accentless
or with misplaced accents, seem not to sing.
Neither has he created a movement
nor unfurled a manifesto.
Dead, he appears alone at the foot of the page.
Without conviction, he declared himself the worst
with short poems (long ones he turned into short epithets).
The major ones escaped to their hierarchy and his pocket.
His blood was a world that shed lines.
The birds carried their wings elsewhere.
As a minor poet, his obligations mounted
in inverted proportion to recognition.
It's just that time, sowed into a poem,
does not beg perverse critics for charity.
But the muses would not let him be
nor peace or the hard blank pages.
He gathered diphthongs from the trees and without respite.
He wrote verses like he wrote verses, and wrote like he lived
(love is a verb),
yet he could not spell out the ocean or the sun,
quarter the rainbow in a refined way.
And so many were dying in the jungle
that his indescribable kiss would flee to reading,
the forbidden thematic would make the faces
of wise rural women blush with ecstasy.
It was a question of making it into one or another anthology

publicada en Sarajevo
o en otro paraíso de trágicos menores.
Pero escribía el ala en oraciones.
Un piloto le pidió un día enarbolar
sus versos como citas o lemas
en la cola de su avioneta casi de juguete

y en ese momento vio sus versos
como estrellas en un cielo,
una basílica mayor, un beso al infinito.
Se despertó entonces preguntándose
con la baba cayéndose de su boca abierta,
¿por qué no seguir siendo niño
y jugar a escribir?

published in Sarajevo
or in another paradise of tragic minors.
But he could write out a wing in sentences.
Once a pilot asked him to fly
his poems like quotes or mottoes
from the tail of his small plane, almost a toy it was,

and at that very moment he saw his poems
like stars in a sky,
one major Basilica, a kiss to infinity.
He woke asking himself then
with drool falling from his open mouth,
why not stay a child
and keep playing at writing?

El aroma de lo podrido

La ley es otra cosa.
Los pozos de petróleo están asegurados
con sangre de Alejandría.
Las madres, antes que nada, son prácticas.
Estamos ahorcados patas para arriba
con nuestro harén de murciélagos
y un dolor de cuello que se irradia
hasta el Bagdad de las víctimas.

The law is something else again,
decía un diario local.

The Scent of the Spoiled

The law is another matter.
The oil wells are secured
with Alexandrian blood.
Mothers are, if anything, practical.
We hang upside down
with our harem of bats
and a pain in the neck that radiates
out to the Baghdad of victims.

The law is something else again,
wrote a local newspaper.

Plague[*]

From seventeen years of darkness,
humming
beyond our knowing,
Yvette says in her poem
about cicadas
and I cannot get my mind off
the torture at the Iraqi prisons
that made us fall
into a thousand years of darkness.
The humming of pestilence
killing the country's soul
and on and on from this tenth day of May
of two thousand and four.

---

[*]   Written in English by Luis Alberto Ambroggio and edited by Naomi Ayala.

Plague

From seventeen years of darkness,
humming
beyond our knowing,
Yvette says in her poem
about cicadas
and I cannot get my mind off
the torture at the Iraqi prisons
that made us fall
into a thousand years of darkness.
The humming of pestilence
killing the country's soul
and on and on from this tenth day of May
of two thousand and four.

Coincidencia

Hoy, nuestro número,
únicamente hoy,
único nuestro,
el número
9/9/9.
Jamás de nuevo
en el calendario.
Y, sin embargo,
el tiempo atesora
nuestra cifra
y con ella,
el cúmulo
de la vida,
su origen y su final,
en una estación de estío
al borde del otoño
en el norte
y de la primavera
en el sur,
después del invierno.
Azul, rojo,
nunca insípido.
Nuestro único número
lo implantó el sol
un día de vida llena.

Hoy, amor,
vivimos
la repetición
eterna

Coincidence

Today, our number,
today only,
ours alone,
the number
9/9/9.
Never again
in the calendar.
And yet
time hoards
this our figure
and with it
the heap
of life,
its origin and end,
a summer season
at the edge of autumn
in the North
and of spring
in the South,
after winter.
Blue, red,
never insipid.
Our sole number
implanted by the sun
on a day of life's fullness.

Today, beloved,
we live
the eternal
repetition

del número,
nuestro,
único:
El nueve
del nueve
del nueve.

of that number,
ours,
alone:
Nine
of nine
of nine.

Opacidad

A José Saramago

He venido a la universidad
en busca de muchachas
interesantes, abiertas, liberales
(no sé si encontraré mi novia)
pero en todo caso exploraré
a fondo la sexualidad.
Descubro, sin sorpresa, que también ellas
en su curiosidad arcaica,
han acudido por el mismo motivo.
No siempre he pasado las pruebas,
a pesar de mi positivismo tautológico;
parece que los sujetos y las lenguas
no se supiesen conectar
en el centro de su interés.
El entusiasmo indagador del primer año
sucumbió lastimosamente
a la necesidad de buenas notas
incompatible con mis experimentos,
y así me confundo con paradigmas fluidos
el estudio de las disciplinas.
  Hoy llueve; no importa.
  El sol es otro accidente.
Escribo esto en una cueva, en el sótano,
durante la árida clase
de crítica literaria post-romántica,
aprendiendo la poesía de los géneros.
  ¡Cuánto extraño la ilusión del silencio

Opacity

for José Saramago

I have come to the university
in search of girls
interesting, open, liberal girls
(I don't know if I will find my girlfriend)
either way I will explore
the depths of my sexuality.
I learn, not surprised, that they too,
in their archaic curiosity,
have come for the same reason.
I haven't always passed my tests
despite my tautological optimism;
it seems the subjects and tongues
don't know how to connect
at the center of their interest.
The probing enthusiasm of the first year
succumbed pitifully
to the need for good grades,
something that was incompatible with my experiments,
and that's the way I confuse fluid paradigms
with the study of disciplines.
      Today, it rains: doesn't matter.
      The sun is another accident.
I write this in a cave, in the basement,
during the dull class
about post-romantic literary criticism,
learning the poetry of gender.
      How I miss the illusion of silence,

y los gritos rebeldes de las flores!

Carleton University, Ottawa,
mayo de 2009.

the rebellious screams of the flowers!

Carleton University, Ottawa,
May 2009

La amistad es un dios desconocido

A Manuel Leyva

Le pregunté una vez al peregrino:
¿Por qué no te quedas? En mi casa
florecen corazones
y quiero que los disfrutes,
como un fuego de rosas en el invierno.

Se quedó y desde entonces
reímos en la noche
maravillándonos de nuestra magia
al crear soles de nuevos días.

Llena está la casa.
Sus puertas abiertas
con árboles de compañía.
Un dios de amor la bendice.

Bienvenido.

En el espejo de tus ojos
comparto
el arcoíris
donde antes llovía.

Friendship is an Unknown God

for Manuel Leyva

I asked the pilgrim once:
Why don't you stay? In my house
hearts flower
and I want you to enjoy them,
like a winter hearth of roses.

He stayed and since then
we laugh in the evening
marveling at our magic,
making new days out of the sun.

The house is full.
Its doors held open
with the trees of companionship.
A god of love blesses them.

Welcome.

In the looking glass of your eyes
I place
a rainbow
from the place where once it rained.

Patria

Viajé pegado al suelo
para leer mi tierra,
saborear los colores dorados
de sus pajonales, el testimonio
del churqui y de las pencas.

Novia, madre, amor compartido,
sentí la preñez sietemesina
de sus montañas, el llanto de los arroyos
ya casi sin lágrimas,
la tranquilidad verde de sus valles
al recorrer su piel florecida.

Pasé por pueblos que solo son un nombre,
El ojo del agua.
¿Por qué la muerte debajo de ella,
huecos de mancha en el mar del cielo?

En la distancia sin tiempo del horizonte,
pájaros de vida tejen el aire,
un coche acentúa el kilómetro
como para que nunca acabe.

Al lado del camino vi artesanías
y sueños abandonados.
Otra vez los ríos secos mostraban
las cicatrices en sus arrugas de piedra.

Mi ciudad criaba mulas
para este tramo de la historia

Homeland

I traveled close to the ground
so I could read my land,
taste the golden colors
of its straw fields, the testimony
of the *churqui* and the cladodes.

Beloved, mother, shared love,
I felt the premature birth
of its mountains, the cry of streams
almost out of tears,
the green tranquility of its valleys
as I traveled through its flowering skin.

I passed by the towns that bear but one name alone,
The Eye of Water.
Why is death beneath her,
holes of stains in the sea of the sky?

In the timeless distance of the horizon
birds of life spin the air,
a car accentuates a kilometer
so that it seems to never end.

Along the road I saw crafts
and abandoned dreams.
Once again the dried rivers reflected
the scars in their wrinkles of stone.

My city raised mules
in this stretch of history

después de los Incas, desde Lima
hasta el Río de la Plata.
Su padre, un poeta aprisionado.

Buenos Aires, como tantas otras capitales,
no entiende la mansedumbre del campo,
ese lienzo de espigas derramadas,
y se adueña, a veces profanándolo,
de su cielo azul y sus nubes blancas.

Todos somos la patria.
No los símbolos y el óxido
de una historia de bronce;
tampoco el fondo promiscuo
de los himnos y las palabras.

Nos une la misma bandera
que raja el viento
con una paciencia
e impaciencia innata.

He sudado el viaje, su centro de sol,
el que curte los rostros de nuestro pueblo
en los surcos de algodón, de soja,
de maíz y de alfalfa.

A los costados del sendero de plata
observé con su libertad inmune
ovejas, vacas, gallinas, cabritos y caballos
sin alambrado, aunque la ley lo prohíba.

Vi escuelas, palos de luz, casas, iglesias de nácar.

after the Incas, from Lima
until the Rio de la Plata.
Its father, an imprisoned poet.

Buenos Aires, like many other capitals,
does not understand the gentleness of the country side,
that blanket of thrown wheat,
and sometimes desecrates it, appropriating
its blue sky and white clouds.

We are, all of us, the homeland.
Not the symbols and the rust
of a history of bronze,
nor the promiscuous backdrop
of the hymns and words.

The same flag
that slices the wind
with innate patience
and impatience joins us.

I have sweated out the journey, its core of sun
hardening the faces of our people
in the cotton furrows, in the soy,
corn and alfalfa.

Along the sides of the silver road
I watched the immune freedom
of sheep, cows, chickens, goats and horses
without a wire fence, even though the law prohibits it.

I saw schools, light poles, houses, churches made of mother
[of pearl.

También sentí en su verdor norteño
un corazón de jardín y azúcar.

Todos somos la Patria.

Llegué a Córdoba
para besarla.

And I felt in the northern green
a heart made of gardens and sugar.

We are, all of us, the homeland.

I came to Córdoba
to kiss her.

Poema

A Lilly y Barry

Como un lirio entre las espinas así es mi amada entre las doncellas
(…) Mi amante es mío y yo soy suya (…) Ven, amante mío, y sé
como un venado o cervatillo en las colinas escarpadas.

Cantar de los Cantares, 2:2 y 2:17

Hoy quiero escribir un poema nuevo
y hablar de dos seres que se aman,
verlos cómo se ven en el fuego de la vida
cómo hacen raíces en el corazón del cielo.

Hoy quiero escribir un poema nuevo
que cante como el río, un cuerpo compartido,
las olas jóvenes de una nueva caminata
desde el valle hasta el crepúsculo y las nubes,
en la cima de muchas noches enamoradas.

Hoy quiero escribir un poema nuevo
que rescate los verbos felices de esta montaña,
"ámame", "ayúdame", mi amor, "subamos"
bajo una lluvia de besos,
pájaros somos de la tierra y el aire
libres siempre para seguir trepando.

Hoy quiero escribir un poema nuevo
y dárselo a ellos que tienen
el alma del viento,
las alas de los sueños,
el brío del ciervo y la mariposa.
Escriban ustedes luego

Poem

for Lilly and Barry

> *Like a lily among thorns is my darling among the maidens*
> *... My lover is mine and I am his ... Turn, my lover, and be like*
> *a gazelle or like a young stag on the rugged hills.*

Song of Songs, 2:2 and 2:17

Today I will write a new poem
and talk about two people who love each other,
see how they look in the fire of life,
how they root themselves in the heart of heaven.

Today I will write a new poem
that sings like a river, a shared body,
the young rapids carving a new course
from the valley to the twilight and the sky
in the peak of many beloved nights.

Today I will write a new poem
to rescue the happy verbs from this mountain,
"love," "help," my love, "let's climb"
under a shower of kisses,
we are birds of the earth and sky
always free to continue climbing.

Today I will write a new poem
to give it to those who bear
the soul of the wind,
the wings of dreams,
the grace of the stag and the butterfly.
May you write together later

con agua y con estrellas,
con manos entrelazadas,
con labios y ojos
rumores de cascada roja,
flores nuevas
los versos más bellos.

Whistler,
30 de junio de 2007.

with water and stars,
clasped hands,
lips and eyes
the whisper of a crimson cascade,
new flowers,
the most beautiful verses.

Whistler,
June 30, 2007

Aquí está Granada

¡Aquí está Granada!
Y sus templos que resucitan
la libertad de los cuerpos
en el verde puro de su selva
bajo las breves nubes enlutadas.

¡Aquí está Granada!
La eterna nuestra, que
"desconcierta al tiempo con su esencia"
y con los versos de Pablo Antonio Cuadra
nos invita a descubrir la poesía
en sus noches de agua.

¡Aquí está Granada!
La alegre sultana que bebe del lago Cocibolca,
el mar que luego canta
en voces juveniles
y en los ecos de las torres y sus vientos.

¡Aquí está Granada!
La madera de su grito,
una flor que baila
desde la larga herida
de su historia sin ausencia.

¡Aquí está Granada!
En el plomo noble de Joaquín Pasos
la piedra joven
y la vieja piedra
el sol mestizo de su milagro.

Here is Granada

Here is Granada!
And the temples that resurrect
the freedom of the body
in the jungle's pure green,
beneath the brief clouds of mourning.

Here is Granada!
Forever ours, the city
that "disconcerts time with its spirit"
and with the lines of Pablo Antonio Cuadra
invites us to discover poetry
in its nights of water.

Here is Granada!
The merry sultana who drinks from the lake of Cocibolca.
The ocean that later sings
in youthful voices
and the echoes of towers and their winds.

Here is Granada!
Its wooden howl,
a flower that dances
from the outset of the long wound
of its history, without being absent.

Here is Granada!
In the noble lead of Joaquín Pasos,
the young stone
and the weather-beaten stone,
the crossbred sun of its miracle.

¡Aquí está Granada!
En el Cardenal que ama desde joven,
recitando con los salmos
"la paz y la justicia se besan".
Y es clara su palabra.

¡Aquí está Granada!
En Coronel Urtecho y su poesía
que va más allá de la esperanza
y su mujer, mujer
y el río que lo trae y en su soledad lo agranda.

¡Aquí está Granada!
Aquí sus alcobas valientes
son el altar mayor de un arcoíris
en la falda acogedora
del Mombacho.

¡Aquí está Granada!
Nada se quedó en cenizas,
ni en sombras ni en silencio.
Dios puso eternidad
en la luz de su poema.

¡Aquí está Granada!
Y está de fiesta.

11 de febrero de 2006.

Here is Granada!
In Cardenal who loves her since he was young,
reciting her psalms—
"peace and justice kiss."
And its word is clear.

Here is Granada!
In Colonel Urtecho whose poetry
travels beyond hope
and his woman,
and the river that brings him and, in its solitude, magnifies him.

Here is Granada!
Here its brave bedrooms
are a rainbow's great altar
in the hospitable skirt
of Mombacho.

Here is Granada!
Nothing remained in ashes,
shadows, silence.
God placed eternity
in the light of its poem.

Here is Granada!
Celebrating.

February 11, 2006

Generaciones

Me mostraron el lugar de su tumba
en el cementerio, parque,
jardín, estacionamiento de muertos.

No sé por qué me señalaron hoy,
un día de besos de luz, de paso,
ese trozo dolido de tierra eterna,
ese negro futuro inconcebible
enterrado en el silencio.

¿Intentaron quizás exorcizar el olvido?

¿O quisieron acaso seguir invitándome,
hoy, con el anuncio del cambio
a que los visite a menudo
en la nueva dirección de sus vidas,
a mí, esquirla de un pez sagrado
en la otra infinitud del océano?

Generations

They showed me the site of their grave
in the cemetery, park,
garden, the parking lot of the dead.

I don't know why they pointed out today,
a day of light's kisses, in passing,
that chunk of hurting, eternal earth,
that inconceivable black future
buried in silence.

Did they intend to exorcise forgetting?

Or did they perhaps want to keep inviting me,
today, with the announcement about the change,
to visit them more frequently
at the new address of their lives,
me, splinter of a sacred fish
in another infinity of ocean?

EL AUTOR

Luis Alberto Ambroggio

Nacido en la Argentina, poeta Hispano-Americano de renombre internacional, Luis Alberto Ambroggio reside desde 1967 en el área de Washington, DC. Es autor de once libros de poesía publicados en la Argentina, Costa Rica, España, y los Estados Unidos, y tiene el honor de ser miembro de la Academia Norteamericana de la Lengua Española y del Centro Americano PEN. Su obra ha sido traducida a varios idiomas e incorporada por la Biblioteca del Congreso en sus archivos de lengua hispana. *Poemas de amor y vida* (1987); *Hombre del aire* (1992); *Oda ensimismada* (1994); *Poemas desterrados* (1995); *Por si amanece: cantos de Guerra* (1997) y *Los habitantes del poeta* (1997) son algunos de los títulos de su vastísima producción. En 2004, recibió el Spanish TV Award por sus composiciones, cuyo tema principal es la soledad. Entre sus últimos libros figuran: *El testigo se desnuda* (2002), que fue elogiado en Europa, Estados Unidos (*Diario de las Américas*) y Latinoamérica; *Laberintos de humo* (2005); *Los tres esposos de la noche* (2005); *La desnudez del asombro* (2009) y *El arte de escribir poemas* (2009). También en 2009, la editorial Cross Cultural Communications publicó *Una belleza difícil: Poemas selectos 1987-2006,* antología bilingüe con introducción de Oscar Hijuelos (Premio Pulitzer). Además, Ambroggio ha sido antologador de *Al pie de la Casa Blanca. Poetas hispanos de Washington, DC* (2010), y *De Azul a Rojo. Voces de poetas nicaragüenses del siglo XXI* (2011). Por último, vale destacar el volumen de crítica de Mayra Zeleny, *El cuerpo y la letra: Poética de Luis Alberto Ambroggio* (2008), editado por la Academia Norteamericana de la Lengua Española.

ABOUT THE AUTHOR

Luis Alberto Ambroggio

An internationally known Hispanic-American poet born in Argentina, Luis Alberto Ambroggio has resided in the Washington, DC area since 1967. He is the author of eleven collections of poetry published in Argentina, Costa Rica, Spain, and the United States, and holds the honor of having been appointed a member of the North American Academy of the Spanish Language and of PEN. His work has been translated into several languages and has been included in the Archives of Hispanic Literature of the Library of Congress. Among his numerous books are *Poemas de amor y vida* (*Poems about Love and Life,* 1987); *Hombre del aire* (*Man of the Air,* 1992); *Oda ensimismada* (*Pensive Ode,* 1994); *Poemas desterrados* (*Banished Poems,* 1995); *Por si amanece: Cantos de Guerra* (*In Case it Dawns: Songs of War,* 1997) and *Los habitantes del poeta* (*The Poet's Inhabitants,* 1997). In 2004, he won the Spanish TV Award for his poems on solitude. Among Ambroggio's most recent books are *El testigo se desnuda* (*The Witness Undresses,* 2002) which received great praise in Europe and the United States (*Diario de las Américas*) as well as in Latin America; *Laberintos de humo* (*Labyrinths of Smoke,* 2005); *Los tres esposos de la noche* (*The Night's Three Husbands,* 2005); *La desnudez del asombro* (*The Nudity of Wonder,* 2009); and *El arte de escribir poemas* (*The Art of Writing Poetry,* 2009). Also in 2009, the press Cross Cultural Communications published *Una belleza difícil: Poemas selectos 1987-2006* (*Difficult Beauty: Selected Poems 1987-2006*), a bilingual edition with an introduction by Pulitzer Prize winner Oscar Hijuelos. Ambroggio has also edited two anthologies —*Al pie de la Casa Blanca: Poetas hispanos de Washington, DC* (*At The Foot of the White House: Hispanic Poets in Washington, DC,* 2010) and *De Azul a Rojo: Voces*

de poetas nicaragüenses del siglo XXI (*From Blue to Red: Voices of Nicaraguan Poets from the 21ˢᵗ Century,* 2011). Finally, it is important to note Mayra Zeleny's critical look at the author's body of work in her book *El cuerpo y la letra: Poética de Luis Alberto Ambroggio* (*Body and Word,* 2008), published by the Academia Norteamericana de la Lengua Española (North American Academy of the Spanish Language).

LA TRADUCTORA

Naomi Ayala

Poeta nacida en Estados Unidos y criada en Puerto Rico, Naomi Ayala obtuvo su maestría en Bellas Artes con especialización en escritura creativa y literatura en Bennington College, en el estado de Vermont. Actualmente reside en Washington, DC, siendo miembro de la Junta Directiva de la DC Advocates for the Arts —organización sin fines de lucro que aboga por la distribución justa de los fondos municipales para las artes en el Distrito de Columbia—. Distinguiéndose como poeta que se desempeña en dos idiomas, es autora de dos libros de poesía en inglés —*Wild Animals on the Moon* (*Animales salvajes en la luna*; Curbstone Press), el cual fue seleccionado por la Biblioteca Pública de la Ciudad de Nueva York como uno de *Los mejores libros para la edad adolescente*; y *The Side of Early* (*Más acá de lo temprano*; Curbstone/Northwestern University Press)—. Además de la obra de varios poetas, entre los que se destacan Lope de Vega y Luis Alberto Ambroggio, Naomi Ayala tradujo el guión de cine para el documental *Cada niño nace siendo poeta: La vida y obra de Piri Thomas*. Su trabajo más reciente en español se publicó en *Al pie de la Casa Blanca: Poetas Hispanos de Washington, DC* (Academia Norteamericana de la Lengua Española, 2010); y su próximo libro será editado por Bilingual Review Press.

ABOUT THE TRANSLATOR

Naomi Ayala

Born in United Estates and raised in Puerto Rico, Naomi Ayala received her Masters of Fine Arts in Writing and Literature from Bennington College in the state of Vermont. She lives in Washington, DC, where she is a member of the Board of Directors of DC Advocates for the Arts—a nonprofit organization advocating the just allocation of funding for the arts in the District of Columbia. Distinguishing herself as a poet who writes in both Spanish and English, Ayala is the author of two books of poetry in English—*Wild Animals on the Moon* (Curbstone Press), selected by the New York City Public Library as a *Best Book for the Teen Age*, and *This Side of Early* (Curbstone/Northwestern University Press). Besides translating the work of a number of poets—among them, Lope de Vega and Luis Alberto Ambroggio—Ayala translated the documentary film script for *Every Child is Born a Poet: The Life and Work of Piri Thomas*. Her most recent work in Spanish appears in *Al Pie de la Casa Blanca: Poetas Hispanos de Washington, DC (At the Foot of the White House: Hispanic Poets in Washington, DC;* North American Academy of the Spanish Language, 2010). Her third book of poetry will be published by Bilingual Review Press.

ÍNDICE / CONTENTS

Vaso Roto Ediciones

Poesía